André Boccato & Equipe

Receitas Saborosas Vegetarianas

EDITORA BOCCATO

Receitas Saborosas Vegetarianas

Uma dieta ou cardápio em que esteja excluída qualquer espécie de carne de animal é uma escolha onde estão implícitos não apenas os aspectos saúde e alimentação, mas também a longa discussão ética e filosófica que acompanha a humanidade desde que o mundo é mundo.

Neste mais recente lançamento de "Receitas Saborosas", dedicado ao receituário vegetariano, está longe de nossa proposta entrar a fundo nessa discussão; tampouco interessa fazer pregações ou agregar convertidos a tal dieta. Quem já fez suas escolhas deve estar mais do que seguro e ciente dos próprios motivos. E, por outro lado, ninguém precisa ser um vegetariano ou vegan convicto para apreciar e tirar o melhor proveito desse lado "verde" do cardápio. Afinal, legumes, verduras, frutas e grãos fazem e sempre fizeram parte (e que parte magnífica!) da alimentação humana nos quatro cantos do mundo.

Então, desta vez, vamos deixar todos os bichinhos vivos e em paz, enquanto nos dedicamos a criar receitas deliciosas, versáteis e nutritivas, graças à participação de alguns dos mais exuberantes exemplares do mundo vegetal. Com este volume de Receitas Saborosas Vegetarianas procuramos fugir da mesmice e da falta de imaginação quando a vez é a de se preparar uma verdurinha, aquela salada de abertura, ou mesmo um substancioso cozido de legumes e nobres grãos. Cada uma dessas variedades da flora possuí o gabarito para abandonar o apagado papel de coadjuvante - de acompanhamento - e ocupar o status de verdadeiro protagonista da mesa.

Quanto àquela velha argumentação de que viver só de "mato" e sementinhas não é o bastante, parece que a ciência e o consenso geral já fecharam a questão: proteína vegetal é tão ou mais nutritiva que aquela proveniente das carnes dos animais (e ainda sem o mau colesterol!). Além do mais, o mundo vegetal é o grande detentor do vasto complexo das vitaminas, sais e minerais, sem falar nas fibras, todos essenciais à manutenção da saúde humana. Sem os inconvenientes das toxinas e hormônios animais, o sistema digestivo também agradece quando se vê imerso ou abastecido do colorido mundo verde.

Com este brilhante elenco de receitas vegetarianas, pensamos também nos gourmets, que poderiam se ressentir da aparente trivialidade e monotonia de um cardápio assumidamente verde. Aqui estão exemplos de pratos ou de receitas que não nos deixam mentir: o vegetarianismo pode ser deliciosamente sofisticado e, acima de tudo, saborosíssimo!

Para os que já sabem das longas teses em defesa de uma alimentação vegetariana, este livro só irá acrescentar ainda mais sabor, alegria e verdade ao seu credo. E para os "leigos", ele pode ser um convite a entrar nesta festa dos sentidos, com bom senso e todo o critério em defesa de uma alimentação saudável, mas sem perder em prazer. Porém, se o leitor é daqueles que salivam só de passar às portas de uma churrascaria, bem, então por que não arriscar uma folheada atenta e livre de preconceitos?... Quem sabe não seria este um "chamado", um sinal? O tempo de descobrir os segredos de uma alimentação vegan, apregoados por gente não pouco significante, como Leonardo da Vinci, Pitágoras, Einstein, Thomas Edison, entre tantos outros confrades...

André Boccato

Índice

Rendimento: 6 porções / Tempo de Preparo: 20 minutos / Dificuldade: Fácil

Entrada Italiana

Ingredientes

12 minidiscos de pizza (5cm de diâmetro)

12 rodelas de mozarela de búfala tipo grande

12 rodelas de tomate

1 colher (sopa) de alcaparras escorridas e picadas

Mini rúcula para decorar

Azeite trufado para regar

Modo de Preparo

Disponha os minidiscos de pizza em uma assadeira e monte as entradas começando pela mozarela, os tomates e finalizando com as alcaparras por cima do tomate. Leve ao forno preaquecido em temperatura média por 15 minutos ou até derreter o queijo. Decore com uma folha de rúcula em cada pizza e regue o azeite.

Rendimento: 6 porções / Tempo de Preparo: 50 minutos / Dificuldade: Fácil

Almôndegas ao Molho

Ingredientes

Almôndegas

400g de mandioquinha

200g de couve-manteiga fatiada fino

1 xícara (chá) de nabo picado em cubos pequenos

3 colheres (sopa) de azeite

1 cebola roxa picada

Meia lata de milho-verde em conserva

1 colher (chá) de louro em pó

2 colheres (sopa) de queijo parmesão light ralado

1 ovo

3 colheres (sopa) de farinha de rosca

Sal a gosto

Farinha de trigo para empanar

Óleo para fritar

Molho

5 dentes de alho picados

2 colheres (sopa) de azeite

2 latas de tomate pelado picado

1 colher (chá) de açúcar

Sal e pimenta-do-reino a gosto

Modo de Preparo

Almôndegas

Cozinhe as mandioquinhas e passe-as pelo espremedor de legumes. Refogue a couve até murchar e pique-a. Cozinhe o nabo picado até ficar "al dente". Aqueça o azeite e frite a cebola. Junte o milho, o louro em pó, o nabo, a couve, o purê de mandioquinha e o queijo ralado. Adicione o ovo e mexa rapidamente. Tempere com sal e desligue. Deixe esfriar e adicione a farinha de rosca. Forme almôndegas e passe na farinha de trigo. Frite em óleo quente até dourar. Escorra em papel toalha.

Molho

Em uma panela grande, frite o alho no azeite e junte o tomate pelado. Coloque o açúcar, sal e pimenta-do-reino. Deixe ferver e sirva o molho com as almôndegas.

Rendimento: 8 porções / Tempo de Preparo: 1 hora e 45 minutos / Dificuldade: Médio

Burekas de Abobrinha

Ingredientes

Massa

Meia xícara (chá) de óleo
Sal a gosto
2 xícaras (chá) de farinha de trigo
1 gema para pincelar
sementes de gergelim para polvilhar

Recheio

2 abobrinhas pequenas
2 colheres (sopa) de azeite
1 dente de alho picado
1 ramo de tomilho
Sal e pimenta vermelha em pó a gosto
300g de queijo feta
3 colheres (sopa) de queijo parmesão light ralado

Modo de Preparo

Massa

Em uma tigela, misture o óleo, meia xícara (chá) de água morna e sal. Adicione a farinha de trigo e sove até obter uma massa homogênea. Deixe descansar por 1 hora em temperatura ambiente.

Recheio

Corte as abobrinhas em cubos pequenos. Aqueça o azeite, frite o alho e o tomilho e junte a abobrinha. Refogue até que ela fique macia. Se necessário, adicione um pouco de água. Tempere com sal e pimenta vermelha. Deixe esfriar e acrescente o queijo feta esfarelado e o queijo parmesão. Abra a massa com um rolo e corte discos de 12 cm. Coloque o recheio e feche as burekas, apertando a borda com um garfo. Pincele a gema batida e polvilhe as sementes de gergelim. Leve ao forno preaquecido em temperatura média e asse por 25 minutos ou até que estejam douradas.

Rendimento: 5 porções / Tempo de Preparo: 30 minutos / Dificuldade: Fácil

Moqueca de Palmito

Ingredientes

2 cebolas médias cortadas em rodelas
3 tomates maduros cortados em rodelas
1 pimentão vermelho cortado em rodelas
1 pimentão verde cortado em rodelas
Sal a gosto
2 colheres (sopa) de coentro picado
2 colheres (sopa) de salsa picada
400g de palmito em rodelas
1 colher (sopa) de alga nori picada
¼ de xícara (chá) de leite de coco light
2 colheres (sopa) de azeite de dendê

Modo de Preparo

Em uma panela grande, coloque camadas de cebola, tomate, pimentões, sal, coentro, salsa, palmito e alga. Regue o leite de coco e o azeite de dendê. Leve ao fogo baixo e deixe cozinhar até os pimentões ficarem macios. Sirva com arroz branco.

Rendimento: 4 porções / Tempo de Preparo: 30 minutos / Dificuldade: Fácil

Caponata

Ingredientes

4 colheres (sopa) de azeite
1 colher (sopa) de alho triturado
1 cebola média cortada em meia-lua
1 berinjela grande cortada em tiras
1 abobrinha grande cortada em tiras
1 colher (sopa) de orégano
1 colher (chá) de noz-moscada
Sal a gosto
2 colheres (sopa) de uvas-passas clara
2 colheres (sopa) de nozes picadas

Modo de Preparo

Em uma panela, aqueça o azeite e frite o alho até dourar. Acrescente a cebola, a berinjela, a abobrinha e refogue até que fiquem macias. Se necessário, junte um pouco de água. Adicione o orégano, a noz-moscada, sal, as uvas-passas e as nozes. Sirva quente ou frio.

Rendimento: 6 porções / Tempo de Preparo: 1 hora / Dificuldade: Fácil

Macarrão Integral de Forno

Ingredientes

1 pacote de macarrão integral tipo penne (500g)

2 tomates sem sementes picados

Meia cebola picada

1 xícara (chá) de mussarela light picada

Meia colher (chá) de noz-moscada

2 colheres (sopa) de salsa picada

Suco de meio limão

4 salsichas vegetais picadas

4 colheres (sopa) de maionese light

Pimenta calabresa e sal a gosto

2 colheres (sopa) de queijo parmesão light

Modo de Preparo

Cozinhe o macarrão em água e sal até ficar “al dente” e escorra. Reserve. Em uma tigela grande, misture os tomates, a cebola, a mussarela, a noz-moscada, a salsa, o suco de limão, as salsichas, a maionese, pimenta calabresa e sal. Junte o macarrão cozido, coloque em um refratário e polvilhe o queijo parmesão. Leve ao forno preaquecido para gratinar e derreter a mussarela. Sirva quente.

Rendimento: 4 porções / Tempo de Preparo: 1 hora / Dificuldade: Médio

Cebola Recheada

Ingredientes

4 cebola médias com casca

2 xícaras (chá) de queijo emmenthal ralado

1 xícara (chá) de pão italiano esfarelado

4 colheres (sopa) de leite desnatado

Meia colher (chá) de gengibre fresco ralado

2 colheres (chá) de mostarda em pó

Sal a gosto

Azeite trufado para regar

Modo de Preparo

Enrole as cebolas inteiras em papel-alumínio e coloque-as em uma assadeira. Leve ao forno preaquecido em temperatura média por 20 minutos. Em uma tigela, misture o queijo, o pão italiano umedecido com leite, o gengibre, a mostarda e sal. Retire as cebolas do forno, corte uma tampa e retire parte do miolo. Recheie as cebolas com a mistura de queijo e leve ao forno em temperatura alta para gratinar. Sirva a seguir regado com o azeite.

Rendimento: 6 porções / Tempo de Preparo: 1 hora e 30 minutos / Dificuldade: Fácil

Kibe de Queijo Árabe

Ingredientes

Meia xícara (chá) de trigo pra kibe

3 queijos chancliche temperados e amassados

1 xícara (chá) de biscoito de polvilho salgado triturado

2 colheres (sopa) de hortelã picada

1 dente de alho picado

1 cebola pequena picada

1 colher (chá) de pimenta síria

1 ovo

1 clara

Modo de Preparo

Coloque o trigo de molho em água quente por 1 hora. Escorra em uma peneira, apertando bem até sair toda a água. Em uma tigela, misture todos os ingredientes e espalhe a massa em uma assadeira untada com azeite. Faça marcas em forma de losango sobre a massa para facilitar na hora do corte. Leve ao forno preaquecido em temperatura média por 30 minutos. Sirva quente com limão.

Rendimento: 10 porções / Tempo de Preparo: 1 hora / Dificuldade: Fácil

Lanche Favorito

Ingredientes

3 colheres (sopa) de óleo
1 cebola pequena picada
1 cenoura grande ralada
3 xícaras (chá) de palmito picado
1 lata de ervilhas escorridas
2 colheres (sopa) de farinha de trigo
1 xícara e meia (chá) de leite de soja culinário
Sal a gosto
1 colher (sopa) de ervas finas picadas
1 pitada de cominho em pó
1 pacote de pão de forma integral com soja
1 vidro pequeno de maionese light
1 xícara (chá) de purê de batatas pronto

Modo de Preparo

Em uma panela, coloque o óleo e frite a cebola e a cenoura até dourar ligeiramente. Junte o palmito e as ervilhas e refogue mais um pouco. Adicione a farinha de trigo, misture e acrescente o leite de soja, mexendo rapidamente até engrossar. Tempere com o sal, as ervas finas e o cominho. Deixe esfriar. Retire as cascas das fatias de pão e reserve. Misture a maionese com o purê de batatas e reserve. Em uma bandeja, faça uma camada de fatias de pão sem casca (6 fatias), espalhe uma camada de recheio e repita as camadas até terminarem os ingredientes, finalizando com o pão. Espalhe sobre toda a superfície a mistura de maionese e purê. Leve à geladeira por 6 horas. Decore a gosto.

Rendimento: 6 porções / Tempo de Preparo: 30 minutos / Dificuldade: Fácil

Lanche de Abobrinha na Ciabatta

Ingredientes

1 colher (sopa) de azeite
Meia cebola cortada em fatias finas
1 dente de alho picado
1 abobrinha grande cortada em fatias finas
Sal a gosto
Meia colher (sopa) de manjericão desidratado
12 miniciabattas
1 xícara (chá) de queijo branco cortado em cubos pequenos

Modo de Preparo

Em uma panela, aqueça o azeite e junte a cebola, o alho e a abobrinha. Deixe cozinhar por 5 minutos ou até a abobrinha ficar macia. Tempere com sal e manjericão. Corte as miniciabattas ao meio e espalhe o refogado de abobrinha. Coloque o queijo branco e feche os lanches. Embale cada lanche em papel-alumínio e leve ao forno preaquecido em temperatura média-baixa por 10 minutos. Sirva a seguir.

Rendimento: 5 porções / Tempo de Preparo: 40 minutos / Dificuldade: Fácil

Goulash de Seitan

Ingredientes

4 colheres (sopa) de azeite

2 cebolas grandes picadas

3 tomates grandes sem pele e sem sementes picados

1 colher (sopa) de páprica doce

Meia colher (sopa) de páprica picante

Sal a gosto

500g de seitan (bife de glúten) cortado em cubos pequenos

Modo de Preparo

Massa

Em uma panela, aqueça o azeite e frite a cebola até dourar. Junte os tomates, uma xícara (chá) de água, baixe o fogo e cozinhe até os tomates começarem a desmanchar. Acrescente as pápricas e sal. Misture o seitan no refogado de tomate e cebola. Cozinhe por mais 2 minutos e desligue. Sirva com nhoque.

Rendimento: 4 porções / Tempo de Preparo: 45 minutos / Dificuldade: Fácil

Arroz com Requeijão e Frutas Secas

Ingredientes

2 xícaras (chá) de arroz cozido com caldo de legumes em pó

Meia colher (chá) de gengibre em pó

2 colheres (sopa) de uvas-passas escuras

Meia xícara (chá) de salsão picado

2 colheres (sopa) de bulbo de erva-doce picado

2 colheres (sopa) de salsa picada

2 colheres (sopa) de damasco seco picado

Meio copo de requeijão light

Modo de Preparo

Em um refratário, misture o arroz cozido com o gengibre, as uvas-passas, o salsão, a erva-doce, a salsa e o damasco. Coloque colheres (chá) de requeijão sobre o arroz e leve ao forno preaquecido em temperatura média por 30 minutos. Sirva a seguir.

Rendimento: 4 porções / Tempo de Preparo: 40 minutos / Dificuldade: Fácil

Risoto de Alcachofra

Ingredientes

2 envelopes de caldo de legumes em pó
1 colher (sopa) de azeite
Meia cebola picada
1 xícara (chá) de arroz arbóreo
1 ramo de alecrim
2 latas de coração de alcachofra cortadas ao meio
1 xícara (chá) de tomates-cereja cortados em 4 partes
1 xícara (chá) de creme de leite light
Meia xícara (chá) de cream cheese light
Sal a gosto

Modo de Preparo

Em uma panela, dissolva o caldo de legumes em cinco xícaras (chá) de água e aqueça. Em outra panela, aqueça o azeite e frite a cebola. Junte o arroz e vá adicionando o caldo de legumes quente aos poucos, mexendo sempre. Quando estiver quase no fim do cozimento, coloque o ramo de alecrim e os corações de alcachofra. Quando o arroz estiver macio e ainda com um pouco de líquido, coloque os tomates-cereja, o creme de leite e o cream cheese. Prove o sal e desligue. Sirva imediatamente.

Rendimento: 4 porções / Tempo de Preparo: 1 hora e 10 minutos / Dificuldade: Médio

Torta de Palmito e Azeitonas Verdes

Ingredientes

Massa

1 xícara (chá) de farinha de trigo branca
1 xícara (chá) de farinha de trigo integral
Meia xícara (chá) de creme de soja
1 ovo
2 colheres (sopa) de óleo
1 colher (chá) de fermento em pó
Sal a gosto

Recheio

3 colheres (sopa) de margarina light
2 cebolas médias picadas
4 xícaras (chá) de palmitos picados
2 colheres (sopa) de farinha de trigo
1 xícara (chá) de leite desnatado
Sal a gosto
4 colheres (sopa) de azeitonas verdes picadas
4 colheres (sopa) de salsa picada
4 colheres (sopa) de cebolinha picada
1 gema batida para pincelar

Modo de Preparo

Massa

Em uma tigela, misture todos os ingredientes até formar uma massa lisa. Reserve 1/3 da massa e abra o restante com um rolo. Forre o fundo e a lateral de uma fôrma redonda de aro removível pequena. Faça furos na massa com um garfo e leve ao forno preaquecido em temperatura média-alta por 20 minutos. Reserve.

Recheio

Em uma panela, derreta a margarina e frite a cebola até murchar. Junte o palmito, refogue um pouco e polvilhe a farinha de trigo. Acrescente o leite, mexendo até engrossar e acerte o sal. Deixe amornar e adicione as azeitonas, a salsa e a cebolinha. Recheie a torta e utilize a massa reservada para cobri-la, fazendo tiras de massa e trançando sobre a torta. Pincele a torta com a gema e leve ao forno preaquecido em temperatura média por 30 minutos. Sirva a seguir.

Rendimento: 4 porções / Tempo de Preparo: 15 minutos / Dificuldade: Fácil

Farofa de Cebola e Cenoura

Ingredientes

1 colher (sopa) de azeite

1 cebola cortada em meia-lua

1 colher (sopa) de amendoim triturado

2 cenouras raladas no ralo grosso

2 colheres (sopa) de farinha de mandioca torrada

1 colher (sopa) de cebolinha picada

Modo de Preparo

Em uma panela, aqueça o azeite e frite a cebola e o amendoim. Junte a cenoura, deixe aquecer e acrescente a farinha de mandioca. Desligue e salpique a cebolinha.

Rendimento: 4 porções / Tempo de Preparo: 40 minutos / Dificuldade: Fácil

Mini-Hambúrguer de Feijão

Ingredientes

2 xícaras (chá) de feijão cozido
1 colher (sopa) de margarina light
2 colheres (sopa) de cebola picada
1 dente de alho picado
2 colheres (sopa) de salsa picada
1 colher (sopa) de farinha de trigo integral
Sal a pimenta-do-reino
2 claras
Farinha de rosca para empanar

Modo de Preparo

Bata no processador o feijão, até obter uma pasta. Reserve. Em uma panela, derreta a margarina e frite a cebola e o alho até murcharem. Acrescente o purê de feijão, a salsa, a farinha de trigo, sal e pimenta-do-reino. Espere amornar. Forme mini-hambúrgueres e passe-os na clara e na farinha de rosca. Coloque em uma assadeira e leve ao forno preaquecido em temperatura alta até dourarem. Sirva com salada de tomate.

Rendimento: 4 porções /Tempo de Preparo: 50 minutos / Dificuldade: Fácil

Lasanha de Funghi

Ingredientes

2 colheres (chá) de azeite
1 dente de alho cortado em lâminas
1 xícara (chá) de funghi seco hidratado e picado
1 xícara (chá) de ricota amassada
1 caixinha de creme de leite light
¾ de xícara (chá) de leite desnatado
Sal e pimenta-do-reino a gosto
6 folhas de lasanha pré-cozida
2 colheres (sopa) de requeijão light
2 colheres (sopa) de queijo parmesão light ralado

Modo de Preparo

Em uma panela, aqueça o azeite e frite o alho e o funghi. Deixe esfriar e misture a ricota, o creme de leite, meia xícara (chá) de leite, sal e pimenta. Em um refratário pequeno, coloque o leite restante e duas folhas de lasanha. Espalhe um pouco do recheio e vá fazendo as camadas, terminando com recheio. Espalhe o requeijão e o queijo ralado. Cubra com papel-alumínio e leve ao forno preaquecido em temperatura média por 30 minutos. Sirva a seguir.

Rendimento: 4 porções / Tempo de Preparo: 30 minutos / Dificuldade: Fácil

Salada com Frutas

Ingredientes

Molho

1 pote de iogurte natural desnatado (200g)

2 colheres (sopa) de creme de leite light

1 colher (sopa) de maionese light

1 pitada de noz-moscada

1 colher (sopa) de suco de limão

2 colheres (chá) de raspas de limão

Sal a gosto

Salada

1 pé de alface americana

2 peras cortadas em cubos

1 xícara (chá) de bulbo de erva-doce cortado em tiras

1 xícara (chá) de uvas crinsson

Modo de Preparo

Molho

Em um pote, misture o iogurte, o creme de leite, a maionese, a noz-moscada, o suco de limão, as raspas de limão e sal. Reserve.

Salada

Em uma saladeira, coloque as folhas de alface lavadas, as peras cortadas, a erva-doce e as uvas. Sirva com o molho de iogurte.

Rendimento: 6 porções / Tempo de Preparo: 50 minutos / Dificuldade: Médio

Suflê de Couve-flor

Ingredientes

1 couve-flor pequena separada em flores pequenas
1 pote pequeno de queijo cottage (200g)
1 colher (sopa) de queijo parmesão light ralado
2 gemas
2 batatas cozidas e amassadas
Meia xícara (chá) de leite
Sal e noz-moscada a gosto
3 claras

Modo de Preparo

Coloque a couve-flor em uma panela com água e sal e cozinhe até ficar "al dente". Escorra. Em uma tigela, misture o cottage, o parmesão, as gemas, a batata, o leite, sal e noz-moscada. Bata as claras em neve e misture ao creme, delicadamente. Em uma fôrma grande para suflê ou em fôrmas individuais, coloque metade do creme, a couve-flor cozida e o restante do creme. Leve ao forno preaquecido em temperatura alta por cinco minutos, depois abaixe a temperatura para média e asse por mais 25 minutos. Sirva imediatamente após retirar do forno.

Rendimento: 6 porções / Tempo de Preparo: 40 minutos / Dificuldade: Médio

Rocambole de Batata e Brócolis

Ingredientes

Massa

500g de batata cozida e amassada
2 ovos
1 clara
Noz-moscada a gosto
¼ de xícara (chá) de leite de soja culinário
Meia xícara (chá) de leite de coco light
4 colheres (sopa) de farinha de trigo

Recheio

1 colher (sopa) de azeite
2 dentes de alho picados
1 maço de brócolis cozido e picado
Sal a gosto
2 colheres (sopa) de farinha de rosca

Modo de Preparo

Massa

Em uma tigela, misture a batata, os ovos, a clara, noz-moscada, o leite de soja, o leite de coco e a farinha de trigo. Espalhe essa massa em uma fôrma grande untada e enfarinhada. Leve ao forno preaquecido em temperatura média por 20 minutos. Quando a massa estiver assada, vire-a sobre um pano, enrole como rocambole e reserve.

Recheio

Em uma panela, aqueça o azeite e frite o alho. Junte o brócolis, sal e a farinha de rosca. Desenrole o rocambole e espalhe o recheio. Enrole novamente e sirva quente ou frio.

Rendimento: 8 porções / Tempo de Preparo: 50 minutos / Dificuldade: Fácil

Torta Cremosa de Fubá

Ingredientes

2 xícaras e meia (chá) de leite desnatado

1 colher (sopa) de margarina light

1 e ¼ de xícara (chá) de fubá

Sal a gosto

1 colher (chá) de fermento em pó

2 ovos batidos levemente

Meia xícara (chá) de pimentão vermelho em conserva picado

¼ de xícara (chá) de cebolinha picada

Modo de Preparo

Em uma panela, misture o leite, 2/3 de xícara (chá) de água e a margarina. Aqueça levemente, coloque o fubá, sal e o fermento e mexa para dissolver. Continue mexendo até engrossar. Acrescente os ovos e misture rapidamente. Adicione o pimentão e a cebolinha e despeje em uma fôrma untada e enfarinhada. Leve ao forno preaquecido em temperatura média por 30 minutos. Sirva a seguir.

Rendimento: 4 porções / Tempo de Preparo: 40 minutos / Dificuldade: Fácil

Tomate Caqui de Forno

Ingredientes

4 tomates caqui médios
3 xícaras (chá) de ricota fresca
2 dentes de alho picado
1 cebola média picada
2 colheres (sopa) de requeijão light
1 colher (sopa) de manjericão picado
2 colheres (sopa) de azeitonas pretas picadas
Suco de meio limão
Sal a gosto
3 colheres (sopa) de azeite
1 colher e meia (sopa) de salsa picada

Modo de Preparo

Retire uma tampa dos tomates e remova a polpa. Deixe-os virados com a abertura para baixo sobre papel toalha para escorrer o líquido de dentro. Em uma tigela, misture a ricota, o alho, a cebola, o requeijão, o manjericão, as azeitonas, o suco de limão e sal. Polvilhe um pouco de sal dentro dos tomates e recheie com a mistura de ricota. Leve ao forno preaquecido em temperatura média por 20 minutos. Retire do forno, regue o azeite e polvilhe a salsa.

Rendimento: 4 porções / Tempo de Preparo: 20 minutos / Dificuldade: Fácil

Mexido de Tofu

Ingredientes

Meia xícara (chá) de proteína de soja texturizada
4 colheres (sopa) de shoyu
2 colheres (sopa) de azeite
1 xícara (chá) de shimeji picado
300g de tofu firme amassado
1 colher (chá) de cúrcuma
1 xícara (chá) de vagem cozida e picada
1 colher (chá) de pimenta-da-jamaica em pó
2 colheres (sopa) de cebolinha picada
Meia colher (sopa) de manjericão picado
Sal e pimenta a gosto

Modo de Preparo

Coloque a proteína de soja de molho em uma xícara (chá) de água misturada com o shoyu por 1 hora. Esprema o excesso de água e reserve. Em uma panela, aqueça o azeite e frite o shimeji. Junte o tofu, a cúrcuma e refogue por 1 minuto. Acrescente a vagem, a pimenta-da-jamaica, a cebolinha, o manjericão, a proteína de soja, sal e pimenta. Refogue por mais 1 minuto e sirva a seguir.

Rendimento: 4 porções / Tempo de Preparo: 1 hora e 30 minutos / Dificuldade: Fácil

Bolinhas Picantes de Soja

Ingredientes

1 xícara e meia (chá) de proteína de soja texturizada grande

Meia xícara (chá) de shoyu

2 colheres (sopa) de azeite

Meia cebola pequena picada

3 dentes de alho picados

Meia pimenta dedo-de-moça picada

1 cenoura grande ralada no ralo grosso

Meia colher (chá) de noz-moscada

Sal a gosto

1 caixinha de creme de leite ou creme vegetal

2 colheres (sopa) de salsa picada

Modo de Preparo

Coloque a proteína de soja de molho em duas xícaras (chá) de água misturada com o shoyu por 1 hora. Escorra, esprema as bolinhas e reserve. Em uma panela, aqueça o azeite e frite a cebola, o alho e a pimenta. Junte a cenoura, a noz-moscada, sal, meia xícara (chá) de água e cozinhe por 2 minutos. Adicione a proteína de soja e refogue por mais 1 minuto. Acrescente o creme de arroz, deixe aquecer e desligue. Polvilhe a salsa e sirva.

Rendimento: 6 porções / Tempo de Preparo: 1 hora (+ 12 horas de molho) / Dificuldade: Fácil

Pasta de Grão-de-bico com Pimentões

Ingredientes

500g de grão-de-bico
2 colheres (sopa) de tahine
1 dente de alho amassado
Suco de meio limão
4 colheres (sopa) de azeite
Sal a gosto
1 colher (sopa) de margarina light
1 colher (sopa) de sálvia fresca (folhas inteiras)
1 colher (chá) de gengibre em pó
Meio pimentão vermelho cortado em tiras
Meio pimentão amarelo cortado em tiras
Meio pimentão verde cortado em tiras

Modo de Preparo

Deixe o grão-de-bico de molho por 12 horas, escorra e coloque em panela de pressão com água limpa. Cozinhe por 30 minutos (contados após o início da pressão), escorra e retire a casca do grão. Passe o grão descascado pelo processador de alimentos junto com o tahine, o alho, o suco de limão, o azeite e sal. Se a mistura estiver muito grossa adicione um pouco de água. A pasta deve ser cremosa. Deixe esfriar e reserve. Em uma frigideira grande, derreta a margarina e frite as folhas de sálvia. Acrescente o gengibre e os pimentões e refogue até que eles fiquem "al dente". Tempere com sal. Sirva os pimentões sobre a pasta de grão-de-bico.

Rendimento: 4 porções / Tempo de Preparo: 40 minutos / Dificuldade: Fácil

Sopa com Macarrão Integral

Ingredientes

1 xícara (chá) de vagem cortada em pedaços médios
1 xícara (chá) de cenoura cortada em cubos
1 cebola pequena picada
1 talo de alho-poró picado
1 xícara (chá) de batata picada em cubos
3 grãos de zimbro
2 envelopes de caldo de legumes em pó
1 xícara (chá) de macarrão integral tipo espaguete quebrado
2 colheres (sopa) de salsa picada

Modo de Preparo

Em uma panela grande, coloque 1,5 litro de água, a vagem, a cenoura, a cebola, o alho-poró, a batata, o zimbro e o caldo de legumes. Leve ao fogo e, quando ferver, adicione o macarrão. Deixe cozinhar até que os legumes estejam macios. Desligue, misture a salsa e sirva quente.

Rendimento: 4 porções / Tempo de Preparo: 40 minutos / Dificuldade: Fácil

Arroz Cateto ao Forno

Ingredientes

2 xícaras (chá) de arroz cateto cozido
1/3 de xícara (chá) de tofu defumado picado
Meia xícara (chá) de cebolinha picada
Meia xícara (chá) de minimilho picado
Meia xícara (chá) de coração de alcachofra picado
Meia xícara (chá) de alho-poró picado e refogado
Meia xícara (chá) de radicchio cortado em tiras
2 colheres (sopa) de azeitonas pretas picadas
Meia colher (chá) de canela em pó

Modo de Preparo

Em um refratário, misture todos os ingredientes, cubra com papel-alumínio e leve ao forno preaquecido em temperatura média por 20 minutos. Sirva quente.

Rendimento: 8 porções / Tempo de Preparo: 35 minutos / Dificuldade: Fácil

Bruschetta Carcciofi

Ingredientes

1 dente de alho grande inteiro

4 fatias grandes de pão italiano

2 xícaras (chá) de coração de alcachofra picado em pedaços irregulares

2 xícaras (chá) de tomates-cereja cortados ao meio

1 colher e meia (sopa) de orégano fresco (só as folhinhas)

Sal e pimenta a gosto

8 fatias de queijo camembert

Modo de Preparo

Esfregue o dente de alho nas fatias de pão italiano. À parte, misture a alcachofra, o tomate cereja, o orégano, sal e pimenta. Distribua o queijo nas fatias de pão e cubra com a mistura de alcachofra. Leve ao forno preaquecido em temperatura média até derreter o queijo. Sirva a seguir.

Rendimento: 4 porções / Tempo de Preparo: 30 minutos / Dificuldade: Fácil

Bife de Soja ao Molho Madeira

Ingredientes

1 colher (sopa) de margarina light
1 xícara (chá) de champignons fatiados
1 colher (sopa) de farinha de trigo integral
1 xícara (chá) de vinho madeira
2 colheres (sopa) de shoyu
1 envelope de caldo de legumes em pó
1 colher (sopa) de mostarda
Sal a gosto
4 bifes de soja

Modo de Preparo

Em uma panela, derreta a margarina e frite os champignons. Misture a farinha de trigo e adicione o vinho madeira, mexendo sempre até encorpar. Junte o shoyu, o caldo de legumes, a mostarda, ¼ de xícara (chá) de água e sal. Deixe ferver e coloque os bifes de soja. Abaixe o fogo e cozinhe por 2 minutos. Desligue e sirva com arroz branco.

Rendimento: 6 porções / Tempo de Preparo: 40 minutos / Dificuldade: Fácil

Salada de Couscous Marroquino

Ingredientes

1 envelope de caldo de legumes em pó

Meia cebola

2 dentes de alho

1 folha de louro

2 xícaras (chá) de couscous marroquino

1 xícara (chá) de tomate sem sementes cortado em cubos

1 xícara (chá) de pepino japonês sem o miolo cortado em cubos

Meia xícara (chá) de azeitonas verdes picadas

Meia xícara (chá) salsa picada

Azeite, limão e sal a gosto

Modo de Preparo

Dissolva o caldo de legumes em quatro xícaras (chá) de água, passe para uma panela, junte a cebola, o alho e a folha de louro. Ferva e coe. Hidrate o couscous com o caldo de legumes até dobrar de tamanho e a água ser absorvida. Misture o tomate, o pepino, as azeitonas e a salsa. Tempere com azeite, suco de limão e sal. Leve à geladeira e sirva como salada.

Rendimento: 5 porções / Tempo de Preparo: 30 minutos / Dificuldade: Fácil

Sticks Coloridos com Molho de Iogurte

Ingredientes

2 cenouras grossas
3 talos de salsão
1 bulbo de erva-doce
1 pote de iogurte natural desnatado
2 colheres (sopa) de azeite
Suco de meio limão siciliano
Meia colher (sopa) de ervas finas
2 colheres (sopa) de hortelã
Sal e pimenta-do-reino a gosto

Modo de Preparo

Corte as cenouras, os talos de salsão e a erva-doce em palitos. Leve à geladeira em uma vasilha com água e gelo. À parte, misture o iogurte, o azeite, o suco de limão, as ervas finas, a hortelã, sal e pimenta. Escorra os palitos de legumes, arrume-os em uma bandeja e sirva como tira-gosto com o molho de iogurte.

Rendimento: 5 porções / Tempo de Preparo: 40 minutos / Dificuldade: Médio

Rosti de Batata

Ingredientes
2 batatas descascadas
1 colher (chá) de alho picado
1 pitada de curry
Meia xícara (chá) de ceboullete picada
Meia xícara (chá) de provolone ralado
Sal a gosto
Azeite para fritar

Modo de Preparo
Em uma panela, coloque as batatas inteiras, cubra com água e leve ao fogo alto. Cozinhe as batatas por 5 minutos a partir da fervura. Rale-as no ralo grosso. Junte o alho, o curry, a ceboullete, o provolone, sal e misture bem. Aqueça, em uma frigideira, um fio de azeite e coloque cerca de duas colheres (sopa) da mistura de batata na palma da mão e aperte bem. Coloque na frigideira e frite ambos os lados por cerca de 2 minutos, ou até dourar. Repita esse processo até que acabe a batata. Sirva a seguir.

Rendimento: 4 porções / Tempo de Preparo: 30 minutos / Dificuldade: Médio

Classic Wrap

Ingredientes

1 colher (sopa) de margarina light
1 cebola cortada em meia-lua
1 colher (sopa) de açúcar mascavo
4 colheres (sopa) de aceto balsâmico
Sal a gosto
4 folhas de pão folha cortada em círculos de 20cm de diâmetro
8 fatias de queijo branco
8 fatias de tomate-caqui
Folhas de rúcula
¼ de xícara (chá) de mel
¼ de xícara (chá) de azeite
Meia xícara (chá) de mostarda
Suco de meio limão

Modo de Preparo

Derreta a margarina em uma frigideira e frite a cebola. Junte o açúcar, o aceto balsâmico e sal. Reserve. Disponha círculos de pão sobre uma bancada e monte os wraps começando pelo queijo branco, os tomates e a cebola refogada, e então finalize com as folhas de rúcula. Enrole, dobrando as laterais para os ingredientes não vazarem. Se quiser, amarre com uma cebolinha. Corte ao meio e reserve. Em um vidro limpo, coloque o mel, o azeite, a mostarda, o suco de limão e sal. Tampe e agite para misturar os ingredientes. Sirva o molho com os wraps.

Rendimento: 5 porções / Tempo de Preparo: 50 minutos / Dificuldade: Fácil

Batatinhas com Cottage

Ingredientes

10 batatas bolinha com casca pré-cozidas
Meia colher (sopa) de alecrim picado
2 colheres (sopa) de queijo parmesão light
Sal marinho e pimenta-do-reino a gosto
3 colheres (sopa) de azeite
1 pote pequeno de cottage (200g)
Meia xícara (chá) de cebolinha picada
1 colher (chá) de pimenta dedo-de-moça picada sem sementes
1 colher (chá) de zaatar

Modo de Preparo

Corte as batatinhas ao meio e passe para uma tigela funda, junte o alecrim, o parmesão, sal marinho e pimenta-do-reino. Misture até incorporar bem os ingredientes. Passe para uma assadeira e regue com o azeite. Leve ao forno preaquecido em temperatura média-alta por 20 minutos. Reserve. Em um pote, misture o cottage, a cebolinha, a pimenta dedo-de-moça, o zaatar e sal marinho. Sirva porções de cottage temperado sobre as batatinhas.

Rendimento: 6 porções / Tempo de Preparo: 50 minutos / Dificuldade: Médio

Rolinhos de Couve com Jerimum

Ingredientes

1 colher (sopa) de margarina light

Meia cebola picada

600g de abóbora-moranga cozida e amassada

Meia colher (chá) de coentro em pó

1 pitada de gengibre em pó

¾ de xícara (chá) de queijo coalho picado em cubos pequenos

Sal a gosto

1 colher (sopa) de tomilho limão

1 envelope de caldo de legumes em pó

6 folhas de couve-manteiga (sem o talo)

Modo de Preparo

Aqueça, em uma panela, a margarina e frite a cebola. Junte o purê de abóbora, o coentro, o gengibre, o queijo coalho, sal e o tomilho limão. Misture bem e reserve. Coloque um litro de água em uma panela, ferva a água, junte o caldo de legumes e escalde as folhas de couve-manteiga até ficarem macias. Abra cada folha em uma superfície lisa e recheie com o purê temperado. Feche como um charutinho e arrume em um refratário. Leve ao forno para aquecer e sirva a seguir acompanhado de arroz integral.

Rendimento: 10 porções / Tempo de Preparo: 1 hora e 10 minutos / Dificuldade: Fácil

Torta de Batata e Aspargos

Ingredientes

6 batatas grandes descascadas
8 aspargos verdes frescos
2 envelopes de caldo de legumes em pó
1 ovo
Meia xícara (chá) de creme de leite fresco
1 pacote de queijo parmesão ralado light
2 colheres (sopa) de farinha de trigo
1 colher (sopa) de margarina light
Meia colher (chá) de noz-moscada
Sal e pimenta-do-reino a gosto

Modo de Preparo

Coloque as batatas e os aspargos em uma panela com dois litros de água. Dissolva o caldo de legumes e leve para cozinhar. Quando os aspargos estiverem "al dente", retire com uma escumadeira e reserve. Continue cozinhando as batatas até ficarem macias. Escorra, passe pelo espremedor de legumes e espere esfriar. Com a ajuda de um batedor, misture o ovo, o creme de leite, metade do parmesão, a farinha de trigo, a margarina, a noz-moscada, sal e pimenta-do-reino. Misture bem e passe para uma assadeira untada e enfarinhada. Distribua os aspargos e polvilhe o restante do queijo. Leve ao forno preaquecido em temperatura média por 30 minutos ou até que esteja gratinado. Retire do forno, corte em quadrados e sirva com salada verde.

Rendimento: 6 porções / Tempo de Preparo: 40 minutos / Dificuldade: Média

Timbales de Pepino

Ingredientes

2 pepinos grossos cortados em 3 partes
Meia xícara (chá) de ricota
Meia cenoura ralada
2 colheres (sopa) de cebolinha picada
Suco de meio limão
2 colheres (sopa) de azeite
2 colheres (sopa) nozes picadas
Sal e pimenta chilli a gosto

Modo de Preparo

Retire delicadamente o miolo das partes cortadas dos pepinos com a ajuda de uma faca e colher, deixando no fundo um pouco de miolo para não vazar. Pique o miolo retirado e misture com a ricota, a cebolinha, o suco de limão, o azeite, as nozes, sal e pimenta. Recheie os pepinos com essa mistura e leve à geladeira por 30 minutos. Sirva como entrada.

Rendimento: 6 porções / Tempo de Preparo: 40 minutos / Dificuldade: Fácil

Hambúrguer de Alcachofra e Arroz

Ingredientes

2 xícaras (chá) de arroz cozido
4 fundos de alcachofra
2 colheres (sopa) de farinha de trigo
1 ovo
Meia xícara (chá) de queijo pecorino ralado
1 dente de alho picado
1 colher (sopa) salsa desidratada
Sal e pimenta-do-reino a gosto

Modo de Preparo

No processador, bata rapidamente o arroz para ele ficar granulado. Retire e coloque em uma vasilha. Volte a bater no processador os fundos de alcachofra, a farinha de trigo, o ovo, o queijo, o alho, a salsa, sal e pimenta. Passe para a tigela com o arroz e misture bem. Molde hambúrgueres e coloque em uma assadeira forrada com papel-alumínio. Leve ao forno preaquecido em temperatura média por 20 minutos ou até que estejam dourados. Sirva a seguir.

Rendimento: 5 porções / Tempo de Preparo: 40 minutos / Dificuldade: Médio

Crepes de Centeio

Ingredientes

3 colheres (sopa) de azeite
2 talos de alho-poró fatiados finos
Meia xícara (chá) de champignon
Meia xícara (chá) de tomate sem pele e sem sementes picado
1 colher (sopa) de salsa picada
Sal e pimenta a gosto
2 ovos
1 xícara (chá) de farinha de centeio
1 colher (café) de fermento em pó
Meia colher (sopa) de margarina light
1 xícara e meia (chá) de leite desnatado

Modo de Preparo

Aqueça metade do azeite em uma panela, frite o alho-poró até murchar, adicione o champignon, o tomate, a salsa, sal e pimenta. Reserve. Bata no liquidificador os ovos, a farinha de centeio, o fermento, a margarina, o leite e sal. Bata bem até formar uma massa homogênea. Em uma frigideira antiaderente, aqueça o restante do azeite e frite porções da massa, dourando dos dois lados. Recheie as massas com o refogado de alho-poró, dobre como um crepe e sirva a seguir.

Rendimento: 6 porções / Tempo de Preparo: 40 minutos / Dificuldade: Fácil

Chilli com Guacamole

Ingredientes

Meia xícara (chá) de proteína de soja granulada

¼ de xícara (chá) de shoyu

2 xícaras (chá) de feijão cozido e temperado

Meia xícara (chá) de caldo do cozimento do feijão

Meio abacate cortado em cubos pequenos

2 colheres (sopa) de cebola roxa picada

1 tomate sem sementes picado

1 dente de alho picado

Meia pimenta dedo-de-moça sem sementes picada fino

Suco de 1 limão

1 colher (sopa) de coentro picado

Sal a gosto

1 pacote de nachos

Modo de Preparo

Coloque a proteína de soja de molho em uma xícara (chá) de água misturada com o shoyu por 1 hora. Esprema com as mãos para retirar o excesso de água e reserve. Bata no processador o feijão e passe para uma tigela. Misture a proteína de soja e reserve. Em outra tigela, misture o abacate, a cebola, o tomate, o alho, a pimenta, o suco de limão, o coentro e sal. Monte, em uma travessa, o chilli, intercalando com os nachos e a guacamole. Sirva a seguir como petisco.

Rendimento: 5 porções / Tempo de Preparo: 35 minutos / Dificuldade: Médio

Charutinhos de Repolho

Ingredientes

1 xícara (chá) de arroz cru
1 bandeja de shitake picado
Meia colher (chá) de pimenta síria
Sal a gosto
10 folhas de repolho verde
1 lata de tomate pelado picado
Meia colher (chá) de açúcar
1 colher (sopa) de ervas de provence

Modo de Preparo

Em uma vasilha, misture o arroz, o shimeji, a pimenta e sal. Reserve. Escalde as folhas de repolho em água quente rapidamente, para amolecer. Recheie as folhas com duas colheres (sopa) da mistura de arroz. Enrole como charutinho, com cuidado para não rasgar. Em uma panela, coloque o tomate pelado, o açúcar, meia xícara (chá) de água, as ervas de provence e sal. Acomode os charutinhos na panela, um ao lado do outro, e cozinhe por 20 minutos. Sirva os charutinhos com o molho de tomate.

Rendimento: 5 porções / Tempo de Preparo: 40 minutos / Dificuldade: Fácil

Quinua Aromática

Ingredientes

1 ramo de manjericão
1 ramo de salsa
1 ramo de manjerona
1 ramo de estragão
1 xícara e meia (chá) de quinua em grãos
Sal a gosto
1 tomate picado sem sementes
Meia xícara (chá) de milho-verde
2 colheres (sopa) de alcaparras
Azeite a gosto

Modo de Preparo

Amarre, com um barbante, o manjericão, a salsa, a manjerona e o estragão formando um bouquet de ervas. Passe para uma panela e junte a quinua. Adicione três xícaras (chá) de água quente, sal e cozinhe até a quinua ficar macia e a água secar. Passe para uma tigela e misture o tomate, o milho-verde e as alcaparras. Regue com o azeite e sirva a seguir.

Rendimento: 6 porções / Tempo de Preparo: 35 minutos / Dificuldade: Fácil

Cevadinha com Salsão

Ingredientes

2 xícaras (chá) de cevadinha em grãos
1 envelope de caldo de legumes em pó
1 colher (sopa) de margarina light com sal
Meia cebola picada
1 colher (sopa) de alecrim fresco picado
1 talo de salsão fatiado fino
1 pitada de noz-moscada
Suco de meio limão
Pimenta-do-reino branca a gosto

Modo de Preparo

Cozinhe a cevada em cinco xícaras (chá) de água junto com o caldo de legumes, até os grãos ficarem macios. Derreta a margarina em uma panela e frite a cebola, o alecrim, o salsão e a noz-moscada. Junte a cevada e refogue por 2 minutos. Desligue o fogo e adicione o suco de limão e a pimenta. Sirva quente ou fria como salada.

Nhoque de Batata Doce e Espinafre

Ingredientes

1 kg de batata doce descascada

1 colher (chá) de raiz forte

1 xícara (chá) de espinafre cozido e espremido

1 xícara (chá) de farinha de arroz

1 envelope de caldo de legumes em pó

1 colher (sopa) de margarina light

Meia cebola picada

1 pote de iogurte natural desnatado cremoso (200g)

1 pitada de cúrcurma

1 colher (chá) de páprica picante

Sal a gosto

1 colher (sopa) de amido de milho

Queijo parmesão ralado light para polvilhar

Modo de Preparo

Coloque as batatas em uma panela de pressão com água e sal e leve para cozinhar por 20 minutos contados após o início na pressão. Escorra as batatas e amasse no espremedor de legumes. Pique o espinafre até ficar bem miúdo. Junte com a batata e amasse bem. Vá adicionando a farinha de arroz, aos poucos, até formar uma massa homogênea e começar a soltar das mãos. Faça bolinhas com a massa e cozinhe os nhoques em bastante água com o caldo de legumes. Escorra e reserve. Em uma frigideira de borda alta, derreta a margarina e frite a cebola. Bata no liquidificador o iogurte, a cúrcuma, a páprica, sal e o amido de milho. Despeje na panela com a cebola e deixe aquecer, mexendo sempre, até engrossar. Sirva sobre o nhoque, polvilhado com o queijo.

Rendimento: 8 porções / Tempo de Preparo: 40 minutos / Dificuldade: Fácil

Salada de Feijão Azuki

Ingredientes

1 xícara e meia (chá) de feijão azuki
1 colher (sopa) de tomilho
8 tomates-cereja cortados ao meio
1 colher (sopa) de salsa picada
2 colheres (sopa) de gergelim torrado
1 xícara (chá) de croutons integrais
1 colher (chá) de pimenta dedo-de-moça picada bem fina
2 colheres (sopa) de azeite
2 colheres (sopa) de vinagre
Sal a gosto

Modo de Preparo

Cozinhe o feijão na panela de pressão com temperos a gosto. Escorra, espere esfriar e passe para uma tigela funda. Misture o tomilho, os tomates-cereja, a salsa, o gergelim, os croutons e a pimenta. Tempere com o azeite, o vinagre e sal. Sirva a seguir.

Editora Boccato Ltda. EPP
Rua dos Italianos, 845 - 01131-000
Bom Retiro - São Paulo - SP
Tel.: 11 3846-5141
www.boccato.com.br

Editora Gaia Ltda.
(pertence ao grupo Global Editora e Distribuidora Ltda.)
Rua Pirapitingui, 111-A - Liberdade | CEP: 01508-020 |
São Paulo | SP | Brasil | Tel. (11) 3277-7999 |
www.editoragaia.com.br - gaia@editoragaia.com.br
Nº de Catálogo: 3460

Edição: André Boccato
Coordenação Administrativa: Maria Aparecida C. Ramos
Assistente Administrativo: Danilo Istvan
Diagramação e Tratamento de Imagens: Arturo Kleque Gomes Neto
Revisão de textos: Guilherme Carmona
Fotografias: Cristiano Lopes
Produção Fotográfica: Airton G. Pacheco
Cozinha Experimental: Aline Maria Terrassi Leitão / Isabela Espíndola / Otávio Rigonato / Vinícios de Oliveira
Diretor Comercial: Marcelo Nogueira
Marketing: Joseane Cardoso
Colaboração: Carla Mariano / Dorian Calado / Fábio Pereira / Jezebel Salem / Luis Henrique / Maria do Carmo / Marina Carmona

Editora Gaia Ltda.
Diretor Editorial: Jefferson L. Alves
Diretor de Marketing: Richard A. Alves
Gerente de Produção: Flávio Samuel
Coordenadora Editorial: Arlete Zebber

Agradecimentos
Art Mix, Camicado, Cecília Dale Presentes, D Kasa Utilidades, M. Dragonetti Utensílios de Cozinha, Nelise Ometto Cerâmica, Pepper, Porcelana Schmidt, Roberto Simões Casa, Spicy, Stella Ferraz Cerâmica, Suxxar.

CIP-BRASIL. Catalogação na fonte
Sindicato Nacional dos Editores de Livros, RJ

B642r

Boccato, André,
Receitas saborosas vegetarianas / André Boccato & equipe. - São Paulo : Gaia : Boccato, 2012.
96p. : il. ; 24 cm. (Receitas saborosas)

ISBN 978-85-7555-306-0

1. Culinária vegetariana. I. Título. II. Série.

12-4880. CDD: 641.5636
CDU: 641.56

Impresso na gráfica das Escolas Profissionais Salesianas